BEI GRIN MACHT SICH IHR WISSEN BEZAHLT

- Wir veröffentlichen Ihre Hausarbeit, Bachelor- und Masterarbeit
- Ihr eigenes eBook und Buch - weltweit in allen wichtigen Shops
- Verdienen Sie an jedem Verkauf

Jetzt bei www.GRIN.com hochladen und kostenlos publizieren

Alexandros Zarotis

Gründe für die Entstehung des Zypernkonflikts und mögliche Zukunftsmodelle

GRIN Verlag

Bibliografische Information der Deutschen Nationalbibliothek:

Die Deutsche Bibliothek verzeichnet diese Publikation in der Deutschen Nationalbibliografie; detaillierte bibliografische Daten sind im Internet über http://dnb.d-nb.de/ abrufbar.

Dieses Werk sowie alle darin enthaltenen einzelnen Beiträge und Abbildungen sind urheberrechtlich geschützt. Jede Verwertung, die nicht ausdrücklich vom Urheberrechtsschutz zugelassen ist, bedarf der vorherigen Zustimmung des Verlages. Das gilt insbesondere für Vervielfältigungen, Bearbeitungen, Übersetzungen, Mikroverfilmungen, Auswertungen durch Datenbanken und für die Einspeicherung und Verarbeitung in elektronische Systeme. Alle Rechte, auch die des auszugsweisen Nachdrucks, der fotomechanischen Wiedergabe (einschließlich Mikrokopie) sowie der Auswertung durch Datenbanken oder ähnliche Einrichtungen, vorbehalten.

Impressum:

Copyright © 2012 GRIN Verlag GmbH
Druck und Bindung: Books on Demand GmbH, Norderstedt Germany
ISBN: 978-3-656-31847-7

Dieses Buch bei GRIN:

http://www.grin.com/de/e-book/205319/gruende-fuer-die-entstehung-des-zypern-konflikts-und-moegliche-zukunftsmodelle

GRIN - Your knowledge has value

Der GRIN Verlag publiziert seit 1998 wissenschaftliche Arbeiten von Studenten, Hochschullehrern und anderen Akademikern als eBook und gedrucktes Buch. Die Verlagswebsite www.grin.com ist die ideale Plattform zur Veröffentlichung von Hausarbeiten, Abschlussarbeiten, wissenschaftlichen Aufsätzen, Dissertationen und Fachbüchern.

Besuchen Sie uns im Internet:

http://www.grin.com/

http://www.facebook.com/grincom

http://www.twitter.com/grin_com

Erzbischöfliche Liebfrauenschule Köln
Brucknerstraße 15
50931 Köln

Facharbeit im Grundkurs Sozialwissenschaften/Wirtschaft

Gründe für die Entstehung des Zypernkonflikts und mögliche Zukunftsmodelle

Verfasser: Alexandros Zarotis

Jahrgangsstufe: 12 / Q1

Kurs: Sw G4

Abgabetermin: 14. März 2012

Gründe für die Entstehung des Zypernkonflikts und mögliche Zukunftsmodelle

Inhaltsverzeichnis

1. Einleitung — Seite 3

2. Der Hintergrund der *de facto* Teilung Zyperns
   - 2.1 Geographische und historische Fakten zur Insel Zypern — Seite 5
   - 2.2 Die Britische Kolonialherrschaft und der Weg Zyperns zur Unabhängigkeit — Seite 6
   - 2.3 Die Republik Zypern und ihre fehlerlastige Verfassung — Seite 9
   - 2.4 Die Jahre nach dem interkommunalen Bruch — Seite 11
   - 2.5 Der Militärputsch, die Invasionen und die Folgen — Seite 12

3. Diskussion möglicher Zukunftsmodelle vor dem Hintergrund der EU-Mitgliedschaft der Republik Zypern und den EU-Beitrittsbestrebungen der Türkei — Seite 14

4. Resümee — Seite 18

5. Literaturverzeichnis — Seite 19

1. Einleitung

Nach dem Fall der Berliner Mauer im Jahre 1989 schien ein Leben in einem befriedeten und vereinten Europa zum ersten Mal in der Geschichte Europas möglich. Doch weit entfernt vom Lebensalltag der meisten Europäer standen und stehen noch immer Stacheldraht und Beton auf europäischem Territorium und teilen die Insel der Aphrodite in die von der internationalen Staatengemeinschaft anerkannte Republik Zypern, die ein Mitgliedstaat der Europäischen Union ist und *de jure* die gesamte Insel repräsentiert, und in die bisher nur von der Türkei anerkannte „Türkische Republik Nordzypern".

Seit 2003 ist das zivile Passieren der Grenze über Checkpoints zwar möglich und es werden auch immer mehr dieser Checkpoints eingerichtet, doch der Fall der ‚Zypriotischen Mauer' scheint in naher Zukunft, sofern sich die Tendenzen in den Verhandlungen zwischen der Republik Zypern und dem Regime im Norden der Insel nicht schlagartig verbessern, unwahrscheinlich – und dies, obwohl die Verhandlungen für eine Lösung des Konflikts seit 1974 geführt werden.

Es liegt deshalb der Schluss nahe, dass der *Status quo* auf Zypern absichtlich beibehalten wird, und angesichts der Worte, die der damalige britische Kolonialminister Henry Hopkinson 1954 im britischen Unterhaus wählte, ist die Annahme, dass der Zypernkonflikt nicht aufgrund eines ethnisch-religiösen Konflikts zwischen zwei Bevölkerungsgruppen entstand, sondern dass dieser ethnisch-religiöse Konflikt zur Durchsetzung imperialistischer Interessen evoziert und instrumentalisiert wurde, wohl nicht unberechtigt:

> *„It has always been understood and agreed that there are certain territories in the Commonwealth which, **owing to their particular circumstances**, can never expect to be fully independent"*[1]

Dieses Zitat ist nur eines von vielen Zitaten und Fakten, auf die ich während meiner Recherche gestoßen bin und die mich dazu bewegt haben, den Zypernkonflikt unter dem Aspekt der imperialistischen Politik des Vereinigten Königreichs und der NATO zu untersuchen, nicht zuletzt da dieser Aspekt, soweit ich dies subjektiv beurteilen kann, in den Medien kaum angesprochen wird. Somit stellt er auch für mich die bisher unbekannteste und deshalb interessanteste Perspektive auf den Zypernkonflikt dar und umfasst zugleich sowohl die politische als auch die historische und die soziokulturelle Perspektive.

---

[1] Henry Hopkinson, nach: **Mirbagheri, Farid**: *Historical dictionary of Cyprus.* 1. Auflage. Scarecrow Press, Inc. Lanham, Maryland, 2010, S.78

Die Facharbeit ist deshalb so aufgebaut, dass ich zuerst einige relevante geographische und historische Fakten über Zypern erläutere, und im Anschluss daran die britische Kolonialherrschaft und den Weg Zyperns zur Unabhängigkeit, die Verfassung der Republik Zypern von 1960, die Jahre nach dem interkommunalen Bruch und die Teilung der Insel infolge der türkischen Invasionen von 1974 unter dem Aspekt einer imperialistischen Politik seitens der Vereinigten Königreichs bzw. der NATO analysiere.

Daraufhin werde ich mögliche Zukunftsmodelle für eine Lösung des Zypernkonflikts vor dem Hintergrund der EU-Mitgliedschaft der Republik Zypern und den EU-Beitrittsbestrebungen der Türkei diskutieren und abschließend die Ergebnisse meiner Facharbeit resümieren.

2. Der Hintergrund der *de facto* Teilung Zyperns

2.1 Geographische und historische Fakten zur Insel Zypern

Zypern umfasst eine Oberfläche von 9251 km² und ist somit die größte Insel im östlichen Mittelmeerraum und nach Sizilien und Sardinien die drittgrößte Insel im gesamten Mittelmeer [2]. Die Insel liegt weit im Nordosten des Mittelmeeres, um genau zu sein, liegt sie etwa 380 km nördlich von Ägypten, 105 km westlich von Syrien, 75 km südlich der Türkei und ungefähr 380 km östlich der griechischen Inseln Rhodos und Karpathos [3]. Somit befindet sie sich am Scheideweg zwischen Europa, Asien und Afrika, was ihre Entwicklung sicherlich in jeder Hinsicht geprägt hat und wahrscheinlich auch in Zukunft prägen wird [4].

Der griechische Einfluss auf Zypern lässt sich bis ins 15. Jahrhundert v.Chr. zurückverfolgen, als Mykener Zypern besiedelten. Im 13. Jahrhundert v.Chr. brachten die Achäer die griechische Kultur und Sprache nach Zypern, die seitdem beide durch weitere Besiedelungswellen aus dem griechischen Kulturraum gefestigt wurden und ununterbrochen auf der Insel erhalten blieben [5]. Im 1. Jahrhundert v.Chr. wurde Zypern dem Römischen Reich eingegliedert und ab dem 4. Jahrhundert n.Chr. gehörte es dem griechisch-sprachigen Byzantinischen Reich an, bis die Insel im 12. Jahrhundert n.Chr. von den Kreuzrittern erobert wurde und von 1489 bis 1571 der Republik Venedig angehörte [6].

1571 wurde es von dem Osmanischen Reich erobert, das Zypern 1878 im Anschluss an den Berliner Kongress desselben Jahres an das Vereinigte Königreich von Großbritannien und Irland verpachtete, wodurch Zypern zum britischen Protektorat wurde; im Gegenzug dazu sicherte das Vereinigte Königreich dem Osmanischen Reich Beistand im Falle einer russischen Offensive zu. Nachdem das Osmanische Reich 1914 im Ersten Weltkrieg mit dem Deutschen Kaiserreich alliierte, annektierte das Vereinigte Königreich Zypern.

Durch die Unterzeichnung der Lausanner Verträge im Jahre 1923 nach dem Ende des griechisch-türkischen Krieges von 1919-1922 verlor die Türkei, der Nachfolgestaat des Osmanischen Reiches, in Übereinstimmung mit dem Artikel 16 der Lausanner Verträge jegliche formalen Rechte und Ansprüche auf Zypern sowie in Übereinstimmung mit Artikel 27 jegliches

---

[2] vgl. **Presse- und Informationsamt, Republik Zypern**: *Zypern.* Nikosia, Zypern, 2004, S.8
[3] vgl. ebd.
[4] vgl. **Presse- und Informationsamt, Republik Zypern**: *Das Zypern-Problem. Historische Übersicht und Analyse der jüngsten Entwicklungen.* Nikosia, Zypern, 1998, S.4
[5] vgl. **Presse- und Informationsamt, Republik Zypern**: *Das Zypern-Problem. Historische Übersicht und Analyse der jüngsten Entwicklungen.* Nikosia, Zypern, 1998, S.4
[6] vgl. ebd.

Recht auf „Gewalt oder Jurisdiktion in politischen, legislativen oder administrativen Angelegenheiten über die Bevölkerung auf Zypern"[7].

2.2 Die Britische Kolonialherrschaft und der Weg Zyperns zur Unabhängigkeit

„Bis zum Beginn des 19. Jahrhunderts gab es auf Zypern weniger einen Konflikt zwischen den Sprach- und Religionsgruppen, als vielmehr einen Konflikt zwischen den Klassen"[8].

Der Grundstein für die Verschlechterung der Beziehungen zwischen den beiden Bevölkerungsgruppen wurde damit gelegt, dass im Jahre 1925 die britische Kolonialmacht auf Zypern eine Kolonialverfassung einführte, durch die Zypern zur britischen Kronkolonie wurde und die die ethno-religiöse Segregation verfassungsrechtlich zementierte [9].

Dadurch wurde die gesellschaftliche Struktur, die bis dato durch ein System sozialer Klassen geprägt war [10] und die von den seit dem 19. Jahrhundert entwickelten extremen Chauvinismen in den Mutterländern Griechenland und Türkei nur verhältnismäßig gering belastet war [11], zunehmend durch den Gegensatz der Nationalitäten ersetzt, wodurch aus den Sprach- und Religionsgemeinschaften klar definierte und gegeneinander abgegrenzte Volksgruppen entstanden [12]. Dieser Schritt erfolgte jedoch nicht aus Zufall, sondern gemäß der imperialistischen britischen *Divide-and-rule*-Politik [13], die darauf abzielte, die griechisch-zypriotische und die türkisch-zypriotische Bevölkerung [14] sowie später die Mutterländer gegeneinander auszuspielen, um die britischen Interessen auf Zypern gegen das Bestreben der

---

[7] vgl.**Presse- und Informationsamt, Republik Zypern**: *Das Zypern-Problem. Historische Übersicht und Analyse der jüngsten Entwicklungen.* Nikosia, Zypern, 1998, S.5
[8] **Kadritzke, Niels / Wagner, Wolf**: *Im Fadenkreuz der Nato. Ermittlungen am Beispiel Cypern.* 1. Auflage. Rotbuch Verlag Berlin. Westberlin, 1976, S. 14
[9] vgl. **Mallinson, William**: *Partition through foreign aggression. The case of Turkey in Cyprus.* 1. Auflage. Mediterranean and East European monographs. Modern Greek Studies. University of Minnesota. Minneapolis, Minnesota, 2010, S. xi
[10] vgl. **Kadritzke, Niels / Wagner, Wolf**: *Im Fadenkreuz der Nato. Ermittlungen am Beispiel Cypern.* 1. Auflage. Rotbuch Verlag Berlin. Westberlin, 1976, S.22
[11] vgl. **Kadritzke, Niels / Wagner, Wolf**: *Im Fadenkreuz der Nato. Ermittlungen am Beispiel Cypern.* 1. Auflage. Rotbuch Verlag Berlin. Westberlin, 1976, S.17
[12] vgl. **Kadritzke, Niels / Wagner, Wolf**: *Im Fadenkreuz der Nato. Ermittlungen am Beispiel Cypern.* 1. Auflage. Rotbuch Verlag Berlin. Westberlin, 1976, S.22
[13] vgl. **Kadritzke, Niels / Wagner, Wolf**: *Im Fadenkreuz der Nato. Ermittlungen am Beispiel Cypern.* 1. Auflage. Rotbuch Verlag Berlin. Westberlin, 1976, S.22
[14] 82% der Bevölkerung griechische Zyprioten, 18% der Bevölkerung türkische Zyprioten; nach: **Presse- und Informationsamt, Republik Zypern**: *Das Zypern-Problem. Historische Übersicht und Analyse der jüngsten Entwicklungen.* Nikosia, Zypern, 1998, S.4

Mehrheit der Bevölkerung, insbesondere der griechisch-zypriotischen Bevölkerung, nach Selbstbestimmung durchsetzten zu können [15].

„Die Vertreter der britischen Obrigkeit konnten zusammen mit den Stimmen der islamischen Minderheit jeden Antrag der griechisch-orthodoxen Vertreter überstimmen." [16]

Durch die überproportionale Beteiligung der türkisch-zypriotischen Minderheit im Scheinparlament [17], welche jegliche demokratische Prinzipien auf den Kopf stellte, gelang es den Briten die Beziehungen zwischen den griechischen und den türkischen Zyprioten erheblich zu verschlechtern. Die Briten instrumentalisierten die türkisch-zypriotische Minderheit zu einer „strategischen Minderheit" [18], durch die sie ihre eigenen Interessen gegen die ökonomischen und politischen Interessen der griechisch-zypriotischen Mehrheit durchsetzten, indem sie sich stets auf die Rechte der türkisch-zypriotischen Bevölkerung beriefen [19], und somit den griechischen Zyprioten die türkischen Zyprioten als Hindernis präsentierten.

Während Zypern im Zweiten Weltkrieg von geringerer geostrategischer Bedeutung für das Vereinigte Königreich war, wurde die Insel ab 1945 als Royal-Air-Force-Stützpunkt für Atombomber und als Ausgangspunkt für Spionageflüge unverzichtbar für die Verteidigung der Interessen des Vereinigten Königreichs und der NATO im kalten Krieg [20]. Angesichts dieser Tatsache stand für Großbritannien ein Entlassen Zyperns in die Unabhängigkeit oder eine Übergabe Zyperns an Griechenland außer Frage [21].

Nachdem das britische Militär die Aktivitäten der EOKA [22] nicht eindämmen konnte und die griechische Regierung, die seit Jahrzehnten eine sehr zurückhaltende Zypernpolitik führte, um das Vereinigte Königreich nicht gegen sich zu richten [23], der britischen Regierung unter

---

[15] vgl. **Kadritzke, Niels / Wagner, Wolf**: *Im Fadenkreuz der Nato. Ermittlungen am Beispiel Cypern.* 1. Auflage. Rotbuch Verlag Berlin. Westberlin, 1976, S.19-20, S.27
[16] **Kadritzke, Niels / Wagner, Wolf**: *Im Fadenkreuz der Nato. Ermittlungen am Beispiel Cypern.* 1. Auflage. Rotbuch Verlag Berlin. Westberlin, 1976, S.19
[17] vgl. **Kadritzke, Niels / Wagner, Wolf**: *Im Fadenkreuz der Nato. Ermittlungen am Beispiel Cypern.* 1. Auflage. Rotbuch Verlag Berlin. Westberlin, 1976, S.16
[18] **Kadritzke, Niels / Wagner, Wolf**: *Im Fadenkreuz der Nato. Ermittlungen am Beispiel Cypern.* 1. Auflage. Rotbuch Verlag Berlin. Westberlin, 1976, S.35
[19] vgl. **Kadritzke, Niels / Wagner, Wolf**: *Im Fadenkreuz der Nato. Ermittlungen am Beispiel Cypern.* 1. Auflage. Rotbuch Verlag Berlin. Westberlin, 1976, S.19
[20] vgl. **Belwe, K. / Richter, H. A. / Faustmann, H. / Gürel, A. / Papadakis, Y. / Erdal, M. I. / Stergiou, A. / Pilavas, D.**: *Zypern. Aus Politik und Zeitgeschichte*, 12. Ausgabe 2009. Bundeszentrale für politische Bildung. Bonn, März 2009, S.3
[21] vgl. ebd.
[22] Ethniki Organosi Kyprion Agoniston, Nationale Organisation Zypriotischer Kämpfer; hauptsächlich aus griechischen Zyprioten bestehende, bewaffnete Widerstandsorganisation im Unabhängigkeitskampf Zyperns gegen das Vereinigte Königreich,
[23] vgl. **Belwe, K. / Richter, H. A. / Faustmann, H. / Gürel, A. / Papadakis, Y. /**

Premierminister Anthony Eden mitteilte, dass sie vorhabe, die Zypernfrage vor die Vereinten Nationen zu bringen, riefen die Briten die Londoner Dreierkonferenz ins Leben, durch die sie nun auch noch die Türkei in den bis dato vorwiegend griechisch-britischen Zypernkonflikt einbrachten – wohlgemerkt trotz der Tatsache, dass die Türkei durch die Unterzeichnung der Lausanner Verträge jeglichen Anspruch auf Zypern aufgegeben hatte –, mit der Begründung, dass Zypern nicht nur Griechenland, sondern gleichermaßen auch die Türkei betreffe [24].

Dass Letzteres nicht der Grund, sondern nur der Vorwand für diesen Schritt seitens der britischen Regierung war, wird anhand des folgenden Zitats des britischen Außenministers Baron Selwyn-Lloyd im Rahmen der Kabinettssitzung vom 23. Juli 1955 über die Zypernkonferenz des Jahres 1955 deutlich:

> *„Throughout the negotiations our aim would be to bring the Greeks up against the Turkish refusal to accept enosis and so condition them to accept a solution which would leave sovereignty in our hands"* [25]

Im Folgenden stellt sich also die Frage, inwiefern die fünf Jahre später erfolgte Unabhängigkeit Zyperns eine Lösung darstellt, die letztlich die Souveränität der Insel in der Hand des Vereinigten Königreichs belassen würde.

1959 wurden zwischen den beiden zypriotischen Bevölkerungsgruppen, dem Vereinigten Königreich, Griechenland und der Türkei die Zürcher und Londoner Abkommen abgeschlossen, die das Fundament für die Verfassung der Republik Zypern bildeten, eine Verfassung, die angeblich die Kolonialherrschaft beenden sollte und dem zypriotischen Volk in seiner Gesamtheit das Recht auf Souveränität zusichern sollte [26].

Doch schon allein die Tatsache, dass die unmittelbar von einer solchen Lösung betroffene Partei, nämlich die zypriotische Bevölkerung, gar nicht an der Ausarbeitung der Abkommen teilhaben durfte, sondern dass diese von Griechenland und der Türkei unter Aufsicht des Vereinigten Königreiches ausgehandelt wurden [27], zeigt, dass das Recht der zypriotischen Bevölkerung auf Souveränität in diesen Abkommen nur zweitrangig war.

Erdal, M. I. / Stergiou, A. / Pilavas, D.: *Zypern*. Aus Politik und Zeitgeschichte, 12. Ausgabe 2009. Bundeszentrale für politische Bildung. Bonn, März 2009, S.3

[24] vgl. **Dülffer, Jost / Mühleisen, Hans Otto / Torunsky, Vera**: *Inseln als Brennpunkte internationaler Politik. Konfliktbewältigung im Wandel des internationalen Systems 1890-1984: Kreta, Korfu, Zypern*. 1. Auflage. Verlag Wissenschaft und Politik. Köln, 1986, S.126

[25] Baron Selwyn-Lloyd, nach: **O'Malley, Brendan / Craig, Ian**: *The Cyprus Conspiracy. America, Espionage and the Turkish Invasion*. Nachdruck 2006. I.B. Tauris & Co Ltd. London, 2006, S.21

[26] vgl. **Mylonas, Thalis D.**: *Anatomia tou Kypriakou. I Isvoli ton Tourkon stin Kypro ke i diethnis nomimotita*. 1. Auflage. Nea Thesis Verlag. Athen, 2004, S.62-63

[27] vgl. **Kadritzke, Niels / Wagner, Wolf**: *Im Fadenkreuz der Nato. Ermittlungen am Beispiel Zypern*. 1. Auflage. Rotbuch Verlag Berlin. Westberlin, 1976, S.33

Faktisch wurde das Recht des zypriotischen Volkes auf Souveränität durch die Abkommen nicht anerkannt, denn zum einen wurden die beiden zypriotischen Bevölkerungsgruppen – repräsentiert durch ihre politischen Führer Erzbischof Makarios III. und Fazil Küçük – vor die Wahl zwischen Zustimmung und Ablehnung gestellt, die aber letztendlich eine aus Sicht der Zyprioten noch weniger erwünschte Teilung Zyperns zur Folge gehabt hätte [28]; das zypriotische Volk stand also vor einem Ultimatum, das ihnen zwangsläufig eine Verfassung oktroyierte [29].

Zum anderen wurden dem Vereinigten Königreich durch die Zürcher und Londoner Abkommen zwei souveräne Militärbasen im Süden und im Osten der Insel verfassungsrechtlich zugesichert und Griechenland, die Türkei und das Vereinigte Königreich in den Status von Garantiemächten der Republik Zypern erhoben, die militärische Kontingente auf Zypern stationieren konnten [30].

2.3 Die Republik Zypern und ihre fehlerlastige Verfassung

Die auf den Zürcher und Londoner Abkommen basierende zyprische Verfassung von 1960 korrigierte nicht – wie es eigentlich zu erwarten wäre – die Fehler der Kolonialverfassung von 1925, sondern übertraf diese deutlich an separatistischen, undemokratischen und insgesamt systemzerstörenden Elementen [31].

Die Verfassung förderte nicht die Annäherung der beiden Bevölkerungsgruppen aneinander, sondern zementierte und garantierte deren Isolation voneinander, denn auf Staatsebene waren die Institutionen nach Volksgruppenzugehörigkeit getrennt. So gab es beispielsweise getrennte Abstimmungsblöcke im zentralen Parlament, getrennte Vertreter in der Regierung und in den Gerichten sowie gentrennte Stadtverwaltungen [32].

Und sollte es dennoch zu einer Überwindung dieser Rassentrennung kommen, wäre es Pflicht der Garantiemächte gewesen, diese gemäß der zypriotischen Verfassung wiederherzustellen [33].

---

[28] vgl. **Mylonas, Thalis D.**: *Anatomia tou Kypriakou. I Isvoli ton Tourkon stin Kypro ke i diethnis nomimotita*. 1. Auflage. Nea Thesis Verlag. Athen, 2004, S.82
[29] vgl. **Kadritzke, Niels / Wagner, Wolf**: *Im Fadenkreuz der Nato. Ermittlungen am Beispiel Cypern*. 1. Auflage. Rotbuch Verlag Berlin. Westberlin, 1976, S.33-34
[30] vgl. **Belwe, K. / Richter, H. A. / Faustmann, H. / Gürel, A. / Papadakis, Y. / Erdal, M. I. / Stergiou, A. / Pilavas, D.**: *Zypern. Aus Politik und Zeitgeschichte*, 12. Ausgabe 2009. Bundeszentrale für politische Bildung. Bonn, März 2009, S.4
[31] vgl. **Dülffer, Jost / Mühleisen, Hans Otto / Torunsky, Vera**: *Inseln als Brennpunkte internationaler Politik. Konfliktbewältigung im Wandel des internationalen Systems 1890-1984: Kreta, Korfu, Zypern*. 1. Auflage. Verlag Wissenschaft und Politik. Köln, 1986, S. 116
[32] vgl. **Kadritzke, Niels / Wagner, Wolf**: *Im Fadenkreuz der Nato. Ermittlungen am Beispiel Cypern*. 1. Auflage. Rotbuch Verlag Berlin. Westberlin, 1976, S.34
[33] **Kadritzke, Niels / Wagner, Wolf**: *Im Fadenkreuz der Nato. Ermittlungen am Beispiel Cypern*. 1. Auflage. Rotbuch Verlag Berlin. Westberlin, 1976, S.34-35

Die zypriotische Verfassung war aber auch darüber hinaus aufgrund der vielfachen Vetorechte der türkischen Zyprioten nicht funktionsfähig und legte die Souveränität Zyperns im Prinzip in die Hände des Vereinigten Königreichs und somit in die der NATO [34]:

„Die Führung der türkischen Cyprioten war durch die separatistischen Bestimmungen dieser Verfassung als Hüter der NATO-Interessen eingesetzt worden, denn diese Bestimmungen gingen weit über den Punkt hinaus, an dem die Rechte und das Sicherheitsbedürfnis einer Minderheit abgesichert werden mußten. Mit ihrem Vetorecht in allen Fragen der Sicherheits-, Außen- und Verteidigungspolitik waren sie verfassungsrechtlich zu einer ‚strategischen Minderheit' ernannt, die alle innen- und außenpolitischen Entscheidungen der Republik im Interesse der NATO kontrollieren konnte." [35]

Auf griechisch-zypriotischer Seite, die die weitreichenden Vetorechte der türkischen Zyprioten für ungerechtfertigt und destruktiv hielten, wurde bald nach der Gründung der Republik das Bestreben geäußert, die durch exogene Faktoren bestimmte Verfassung den sozialen Gegebenheiten Zyperns anzupassen [36].

Als Präsident Erzbischof Makarios III. im November 1963 mit dem sogenannten 13-Punkte-Memorandum die Verfassung in 13 Punkten zu revidieren versuchte, diese aber von der türkisch-zypriotischen Führung abgelehnt wurden, kam es zum Bürgerkrieg, während dessen die türkische Führung mit systematischen Umsiedlungen der türkisch-zypriotischen Bevölkerung in für griechische Zyprioten unzugängliche Enklaven begann [37] und sich fortan *de facto* an der Regierung nicht mehr beteiligte.

Der somit von der türkisch-zypriotischen Minderheit geschaffene verfassungswidrige *Status quo* entsprach nicht den britischen Interessen, denn die türkisch-zypriotische Bevölkerung stand – anders als es die Briten in der Verfassung vorgesehen hatten – fortan nicht mehr als „strategische Minderheit" [38] zur Verfügung, sondern verfolgte ihre eigenen politischen, i.e. separatistischen, Ziele [39].

---

[34] ebd.
[35] **Kadritzke, Niels / Wagner, Wolf**: *Im Fadenkreuz der Nato. Ermittlungen am Beispiel Cypern*. 1. Auflage. Rotbuch Verlag Berlin. Westberlin, 1976, S.35
[36] vgl. **Dülffer, Jost / Mühleisen, Hans Otto / Torunsky, Vera**: *Inseln als Brennpunkte internationaler Politik. Konfliktbewältigung im Wandel des internationalen Systems 1890-1984: Kreta, Korfu, Zypern*. 1. Auflage. Verlag Wissenschaft und Politik. Köln, 1986, S.117
[37] vgl. ebd.
[38] vgl. **Kadritzke, Niels / Wagner, Wolf**: *Im Fadenkreuz der Nato. Ermittlungen am Beispiel Cypern*. 1. Auflage. Rotbuch Verlag Berlin. Westberlin, 1976, S.35
[39] vgl. **Belwe, K. / Richter, H. A. / Faustmann, H. / Gürel, A. / Papadakis, Y. / Erdal, M. I. / Stergiou, A. / Pilavas, D.**: *Zypern*. Aus Politik und Zeitgeschichte, 12. Ausgabe 2009. Bundeszentrale für politische Bildung. Bonn, März 2009, S.5

2.4 Die Jahre nach dem interkommunalen Bruch

Da die Verfassung von 1960 somit gescheitert war und die Souveränität Zyperns nun nicht mehr in der Hand des Vereinigten Königreichs bzw. der NATO lag, entwickelten die USA und die Briten verschiedene Pläne, die allesamt darauf abzielten, Zypern als unabhängigen Staat aufzulösen und zwischen den beiden NATO-Mächten Griechenland und Türkei aufzuteilen [40], damit Zypern wieder unter dem Einfluss der NATO stünde und weitere durch interkommunale Ausschreitungen auf Zypern induzierte Konflikte zwischen Griechenland und der Türkei ein für alle Mal verhindert würden.

Als im April 1967 die Militärjunta die Macht in Griechenland übernahm, distanzierte sich Zypern politisch zunehmend von Griechenland, denn mit der Vorstellung, dass mit einem Anschluss an Griechenland auch das Militärregime auf die Insel gebracht würde, sympathisierten nur die wenigsten Zyprioten [41].

Somit erachtete Präsident Makarios die Verstärkung der Bündnisse Zyperns mit den blockfreien Staaten und der Sowjetunion als einzigen Weg [42], um Zyperns vor den Teilungsplänen der NATO zu retten [43].

Als die AKEL, die kommunistische Partei Zyperns, im Jahre 1970 bei den Parlamentswahlen einen erheblichen Anteil an Wählerstimmen für sich gewinnen konnte [44], wurde in den USA die Angst vor einem Kuba im Mittelmeer und vor einem „Castro im Priesterrock"[45] laut, sodass die USA in Kooperation mit dem griechischen Geheimdienst den Putsch gegen den Präsidenten Erzbischof Makarios III. vorzubereiten begann [46].

---

[40] vgl. **Belwe, K. / Richter, H. A. / Faustmann, H. / Gürel, A. / Papadakis, Y. / Erdal, M. I. / Stergiou, A. / Pilavas, D.**: *Zypern. Aus Politik und Zeitgeschichte*, 12. Ausgabe 2009. Bundeszentrale für politische Bildung. Bonn, März 2009, S.6
[41] vgl. ebd.
[42] vgl. **Dülffer, Jost / Mühleisen, Hans Otto / Torunsky, Vera**: *Inseln als Brennpunkte internationaler Politik. Konfliktbewältigung im Wandel des internationalen Systems 1890-1984: Kreta, Korfu, Zypern*. 1. Auflage. Verlag Wissenschaft und Politik. Köln, 1986, S.118
[43] **Dülffer, Jost / Mühleisen, Hans Otto / Torunsky, Vera**: *Inseln als Brennpunkte internationaler Politik. Konfliktbewältigung im Wandel des internationalen Systems 1890-1984: Kreta, Korfu, Zypern*. 1. Auflage. Verlag Wissenschaft und Politik. Köln, 1986, S.128
[44] vgl. **Belwe, K. / Richter, H. A. / Faustmann, H. / Gürel, A. / Papadakis, Y. / Erdal, M. I. / Stergiou, A. / Pilavas, D.**: *Zypern. Aus Politik und Zeitgeschichte*, 12. Ausgabe 2009. Bundeszentrale für politische Bildung. Bonn, März 2009, S.6
[45] ebd.
[46] vgl. ebd.

2.5 Der Militärputsch, die Invasionen und die Folgen

Am 15. Juli 1974 erfolgte seitens der Athener Militärjunta ein Putsch gegen den Staatspräsidenten der Republik Zypern Makarios III., auf den am 20. Juli die erste und am 14. August – wohlgemerkt in Übertretung der Resolution 353 des UN-Sicherheitsrates, die zu einem bilateralen Waffenstillstand und Truppenabzug aufrief [47] – die zweite militärische Invasion der Türkei folgte [48], die angesichts der Tatsache, dass die vermeintliche Ursache für den Putsch gegen Makarios, nämlich die Athener Militärjunta, beseitigt war, und die demokratische Ordnung auf Zypern wiederhergestellt war, nichts weiter als „ein Akt gewaltsamer Expansion" [49] war. Während der türkischen Invasionen beging das türkische Militär zahlreiche Kriegsverbrechen an der griechisch-zypriotischen Bevölkerung, u.a. erfolgten „Massenexekutionen Hunderter Zivilisten und Kriegsgefangener, Vergewaltigungen und Misshandlungen" [50] und Deportationen mehrerer Hunderter griechischer Zyprioten in türkische Konzentrationslager [51], und es wurden ungefähr 170 000 griechische Zyprioten systematisch aus ihren Wohnsitzen im Norden vertrieben [52]. Dahingegen wurde durch die griechisch-zypriotische Regierung oder das griechische Militär keine systematische ethnische Säuberung gegen die türkischen Zyprioten im Süden Zyperns vorgenommen, sondern die türkischen Zyprioten flüchteten vorsorglich aus Angst vor griechischen Übergriffen und wurden von der Türkei offiziell sogar dazu aufgerufen, in den Norden der Insel zu fliehen [53].
Im Endeffekt führten die beiden türkischen Invasionen somit zu einer faktischen Teilung der Insel in die im Süden befindliche Republik Zypern, die *de facto* ca. 62% [54] der Inseloberfläche umfasst, aber gemäß der Resolution 353 des UN-Sicherheitsrates *de jure* immer noch die gesamte Insel repräsentiert und international von allen Staaten außer der Türkei anerkannt wird,

---

[47] vgl. **Presse- und Informationsamt, Republik Zypern**: *Das Zypern-Problem. Historische Übersicht und Analyse der jüngsten Entwicklungen*. Nikosia, Zypern, 1998, S.17
[48] vgl. **Presse- und Informationsamt, Republik Zypern**: *Das Zypern-Problem. Historische Übersicht und Analyse der jüngsten Entwicklungen*. Nikosia, Zypern, 1998, S.16
[49] vgl. **Belwe, K. / Richter, H. A. / Faustmann, H. / Gürel, A. / Papadakis, Y. / Erdal, M. I. / Stergiou, A. / Pilavas, D.**: *Zypern*. Aus Politik und Zeitgeschichte, 12. Ausgabe 2009. Bundeszentrale für politische Bildung. Bonn, März 2009, S.8
[50] **Belwe, K. / Richter, H. A. / Faustmann, H. / Gürel, A. / Papadakis, Y. / Erdal, M. I. / Stergiou, A. / Pilavas, D.**: *Zypern*. Aus Politik und Zeitgeschichte, 12. Ausgabe 2009. Bundeszentrale für politische Bildung. Bonn, März 2009, S.7
[51] vgl. **Presse- und Informationsamt, Republik Zypern**: *Das Zypern-Problem. Historische Übersicht und Analyse der jüngsten Entwicklungen*. Nikosia, Zypern, 1998, S.97
[52] **Belwe, K. / Richter, H. A. / Faustmann, H. / Gürel, A. / Papadakis, Y. / Erdal, M. I. / Stergiou, A. / Pilavas, D.**: *Zypern*. Aus Politik und Zeitgeschichte, 12. Ausgabe 2009. Bundeszentrale für politische Bildung. Bonn, März 2009, S.7
[53] vgl. ebd.
[54] vgl. **Belwe, K. / Richter, H. A. / Faustmann, H. / Gürel, A. / Papadakis, Y. / Erdal, M. I. / Stergiou, A. / Pilavas, D.**: *Zypern*. Aus Politik und Zeitgeschichte, 12. Ausgabe 2009. Bundeszentrale für politische Bildung. Bonn, März 2009, S.14

und in die im Norden befindliche Türkische Besatzungszone, die *de facto* ca. 36%[55] der Inseloberfläche umfasst und 1983 zur bisher nur von der Türkei anerkannten „Türkischen Republik Nordzypern" ausgerufen wurde [56].

Die Türkei rechtfertigt die Invasionen mit ihrer Position als Garantiemacht der Republik Zypern, aus der heraus sie die türkisch-zypriotische Minderheit beschützen müsse, tatsächlich war die Türkei aber als Garantiemacht der Republik Zypern gemäß den Zürcher und Londoner Abkommen dazu verpflichtet, den durch die Abkommen vorgesehenen Status wiederherzustellen[57].

Dass die Teilung Zyperns eindeutig auch in dem imperialistischen Interesse der USA stand und zwangsläufig immer noch in deren Interesse steht, da der Nahe Osten aus unterschiedlichen Gründen auch infolge der Auflösung der Sowjetunion für die USA ganz und gar nicht an Bedeutung verloren hat, verdeutlicht folgendes Zitat des damaligen Britischen Premierministers James Callaghan über den damaligen US-amerikanischen Außenminister Henry Kissinger, das erstmals im Jahre 1987 in Callaghans Buch „Time and Chance" veröffentlicht wurde:

> *„It is certainly the case that Dr. Kissinger was concerned with the maintenance of Turkish goodwill as a bulwark between the Soviet Union and the Arab states as well as with the continued use of US bases in Turkey. He was also concerned with the effects of United States policy over Cyprus on the resolution of the Arab/Israeli problem, and regarded this as more important than Greek hostility towards the United States, despite the effect of Greek withdrawal from NATO on the Southern Flank."* [58]

---

[55] vgl. ebd.
[56] vgl. **Belwe, K. / Richter, H. A. / Faustmann, H. / Gürel, A. / Papadakis, Y. / Erdal, M. I. / Stergiou, A. / Pilavas, D.**: *Zypern*. Aus Politik und Zeitgeschichte, 12. Ausgabe 2009. Bundeszentrale für politische Bildung. Bonn, März 2009, S.31
[57] The Constitution - Appendix B: Treaty of Guarantee, Article 4: In the event of a breach of the provisions of the present Treaty, Greece, Turkey and the United Kingdom undertake to consult together with respect to the representations or measures necessary to ensure observance of those provisions.
In so far as common or concerted action may not prove possible, each the three guaranteeing Powers reserves the right to take action **with the sole aim of re-establishing the state of affairs created by the present Treaty**
[58] James Callaghan, nach: **Droushiotis, Makarios**: *Kissinger and Callaghan's unknown tug-of-war over the Cyprus crisis* [online]. Cyprus Mail. 17.08.2010. http://www.cyprus-mail.com/cyprus/kissinger-and-callaghan-s-unknown-tug-war-over-cyprus-crisis/20100817 . 02.03.2012.

3. Diskussion möglicher Zukunftsmodelle vor dem Hintergrund der EU-Mitgliedschaft der Republik Zypern und den EU-Beitrittsbestrebungen der Türkei

Im Dezember 1974 wurden die Verhandlungsgespräche zwischen den beiden Bevölkerungsgruppen[59] zwar wieder aufgenommen[60], aber bisher haben sie noch zu keiner Lösung geführt[61].

Während die Verhandlungen um eine Lösung des Zypernkonflikts regelrecht stagnieren, haben sich jedoch die Rahmenbedingungen des Konflikts über die Jahrzehnte kontinuierlich verändert. Am 1. Mai 2005 trat, nachdem der UN-Lösungsplan am 24.04.2004 in getrennten Volksabstimmungen zwar von 65% der türkisch-zypriotischen Wähler angenommen wurde, aber von 76% der griechisch-zypriotischen Wähler[62] abgelehnt wurde, de jure zwar die gesamte Insel, repräsentiert durch die Republik Zypern, der Europäischen Union bei, de facto ist die türkische Besatzungszone aber nicht in die EU eingetreten[63] und hat somit auch nicht den Acquis communautaire, also die Gesamtheit der Rechtsbestimmungen der EU[64], übernommen.

Durch den Beitritt der Republik Zypern in die europäische Union wurde somit auch der Zypernkonflikt in die Europäische Union ‚importiert'. Eine zukünftige Lösung darf somit nicht gegen die Prinzipien der EU verstoßen. Der durch eine Lösung des Zypernkonflikts entstehende Staat muss wie jeder andere Staat, der der Europäischen Union beitreten möchte, die Kopenhagener Kriterien erfüllen, zu denen das politische Kriterium, das wirtschaftliche

---

[59] 81% der Gesamtbevölkerung griechische Zyprioten, 19% türkische Zyprioten, zzgl. 70 000 türkische Siedler in der Besatzungszone, nach: vgl. **Belwe, K. / Richter, H. A. / Faustmann, H. / Gürel, A. / Papadakis, Y. /**
Erdal, M. I. / Stergiou, A. / Pilavas, D.: *Zypern*. Aus Politik und Zeitgeschichte, 12. Ausgabe 2009. Bundeszentrale für politische Bildung. Bonn, März 2009, S.17
[60] vgl. **Belwe, K. / Richter, H. A. / Faustmann, H. / Gürel, A. / Papadakis, Y. /**
Erdal, M. I. / Stergiou, A. / Pilavas, D.: *Zypern*. Aus Politik und Zeitgeschichte, 12. Ausgabe 2009. Bundeszentrale für politische Bildung. Bonn, März 2009, S.9
[61] vgl. **Belwe, K. / Richter, H. A. / Faustmann, H. / Gürel, A. / Papadakis, Y. /**
Erdal, M. I. / Stergiou, A. / Pilavas, D.: *Zypern*. Aus Politik und Zeitgeschichte, 12. Ausgabe 2009. Bundeszentrale für politische Bildung. Bonn, März 2009, S.13
[62] vgl.**Kadritzke, Niels**: *Cyprus: saying no to the future* [online]. Le Monde diplomatique English Edition. Mai 2004. http://mondediplo.com/2004/05/07cyprus . 25.02.2012.
[63] vgl. **Spiegel Online**: *Nordzypern. Nationalist Eroglu gewinnt Präsidentenwahlen* [online]. Spiegel Online. 19.04.2010. http://www.spiegel.de/politik/ausland/0,1518,689706,00.html . 25.02.2012.
[64] vgl. **Bundeszentrale für politische Bildung**: *Acquis communautaire* [online]. Bundeszentrale für politische Bildung. http://www.bpb.de/popup/popup_lemmata.html?guid=86WG69 . 02.03.2012.

Kriterium und das Acquis-Kriterium zählen [65] [66].

Aus der Perspektive der involvierten Parteien gibt es divergierende Ideallösungen. So einigte sich die Republik Zypern und die türkisch-zypriotische Führung zwar schon in den 1980er Jahren darauf, dass der neue Staat eine bizonale, bikommunale Föderation sein solle, allerdings verstehen die griechischen Zyprioten darunter eine Föderation mit einer starken Zentraladministration und fordern eine Rückkehr aller griechisch-zypriotischen und türkisch-zypriotischen Flüchtlinge, sodass die beiden Kantone eng miteinander in einem Bundesstaat verbunden sind, während viele Einwohner der türkischen Besatzungszone, von denen laut Angaben des Regimes in der türkischen Besatzungszone etwa 150 000 türkisch-zypriotischer Herkunft und etwa 86 000 Siedler vom türkischen Festland sind [67], eine Konföderation aus zwei letztlich voneinander unabhängigen Staaten mit einer schwachen Zentraladministration favorisieren und sich gegen die Rückkehr eines Großteils der Flüchtlinge aussprechen, da dies mit den stark veränderten Strukturen nicht realisierbar sei.

Seit der nationalistische Politiker Dervis Eroglou die ‚Präsidentschaftswahlen' in der türkischen Besatzungszone im Jahre 2010 gewonnen hat, sehen die Chancen für eine Lösung des Zypernkonflikts allerdings noch geringer aus als zuvor [68].

Auch die Tatsache, dass die Türkei ihre Beziehungen zu der Europäischen Union und jegliche Verhandlungen über den Zypernkonflikt während der EU-Ratspräsidentschaft Zyperns im zweiten Halbjahr 2012 einfrieren will [69], und die Bekanntgabe des türkischen Europaministers Egemen Bagis, dass für eine Lösung des Zypernkonflikts sowohl eine Wiedervereinigung als

---

[65] vgl. **Presse- und Informationsamt der Bundesregierung**: *Kopenhagener Kriterien* [online]. Presse- und Informationsamt der Bundesregierung. http://www.bundesregierung.de/Content/DE/Lexikon/EUGlossar/K/2005-11-22-kopenhagener-kriterien.html . 02.03.2012.

[66] „Als Voraussetzung für die Mitgliedschaft muss der Beitrittskandidat eine **institutionelle Stabilität** als Garantie für demokratische und rechtsstaatliche Ordnung, für die Wahrung der Menschenrechte sowie die Achtung und den Schutz von Minderheiten verwirklicht haben; sie erfordert ferner eine **funktionsfähige Marktwirtschaft** sowie die Fähigkeit, dem Wettbewerbsdruck und den Marktkräften innerhalb der Union standzuhalten. Die Mitgliedschaft setzt ferner voraus, dass die einzelnen Beitrittskandidaten die aus einer Mitgliedschaft erwachsenden **Verpflichtungen übernehmen** und sich auch die Ziele der Politischen Union sowie der Wirtschafts- und Währungsunion zu Eigen machen können", nach: **Presse- und Informationsamt der Bundesregierung**: *Erweiterung* [online]. Presse- und Informationsamt der Bundesregierung. http://www.bundesregierung.de/Content/DE/Lexikon/EUGlossar/E/2006-07-27-erweiterung.html . 02.03.2012.

[67] vgl. **Belwe, K. / Richter, H. A. / Faustmann, H. / Gürel, A. / Papadakis, Y. / Erdal, M. I. / Stergiou, A. / Pilavas, D.**: *Zypern. Aus Politik und Zeitgeschichte*, 12. Ausgabe 2009. Bundeszentrale für politische Bildung. Bonn, März 2009, S.17

[68] vgl. **Spiegel Online**: *Nordzypern. Nationalist Eroglu gewinnt Präsidentenwahlen* [online]. Spiegel Online. 19.04.2010. http://www.spiegel.de/politik/ausland/0,1518,689706,00.html . 25.02.2012.

[69] vgl. **Frankfurter Allgemeine Zeitung**: *Während EU-Ratspräsidentschaft Zyperns. Erdogan: Keine Beziehungen zur EU* [online]. FAZ Net. 19.07.2011. http://www.faz.net/aktuell/politik/ausland/waehrend-eu-ratspraesidentschaft-zyperns-erdogan-keine-beziehungen-zur-eu-11107800.html . 25.02.2012.

auch ein Zwei-Staaten-Modell als auch eine Annexion Nordzyperns durch die Türkei in Frage kämen [70], machen eine baldige Lösung des Zypernkonflikts unwahrscheinlich.

Angesicht der EU-Beitrittsbestrebungen der Türkei muss eine Lösung des Zypernkonflikts aber in Einvernehmen mit der Europäischen Union gefunden werden. Eine Annexion Nordzyperns würde einen EU-Beitritt der Türkei eindeutig verhindern und womöglich auch einen Abbruch der Beitrittsverhandlungen zur Folge haben und ist deshalb – sofern die Türkei noch an ihrem Beitritt in die EU festhält – unwahrscheinlich.

Darüber hinaus sind die Vorstellungen der Türkei bezüglich einer Wiedervereinigung Zyperns in mehrfacher Hinsicht unverständlich. Der türkische Ministerpräsident Erdogan meint, die Türkei sei – anders als bei dem UN-Lösungsplan von 2004 – zurzeit weniger denn je für Kompromisse bereit [71]. Damit erschwert sich die Türkei allerdings selbst den EU-Beitritt, denn der UN-Lösungsplan von 2004 wurde von der großen Mehrheit der griechisch-zypriotischen Bevölkerung abgelehnt. Folglich erscheint es unwahrscheinlich, dass die griechisch-zypriotische Bevölkerung eine Lösung akzeptiert, die ihnen noch weniger Zugeständnisse macht als der bereits abgelehnte Lösungsplan.

Solange eine Annäherung der beiden Bevölkerungsgruppen nicht erfolgt, erscheint auch eine Lösung des Zypernkonflikts unmöglich. Die gescheiterte Verfassung von 1960 hat bewiesen, wie wichtig es für ein vereintes Zypern ist, dass die Bevölkerungsgruppen nicht gegeneinander, sondern miteinander leben. Damit eine Annäherung der beiden Bevölkerungsgruppen möglich ist, muss eine Lösung für ein vereintes Zypern, das Mitglied in der Europäischen Union ist, bestimmte Punkte erfüllen.

Der vereinte Staat muss selbstverständlich eine den Kopenhagener Kriterien entsprechende demokratische Ordnung und eine institutionelle Stabilität aufweisen. Hierbei gilt es zu beachten, dass eine Wiedervereinigung nicht bedeutet, dass sich die Republik Zypern und das Regime Nordzyperns ‚auf der Hälfte des Weges treffen', sondern dass die politischen und ökonomischen Errungenschaften der Republik Zypern an den Norden der Insel weitergegeben werden und nicht umgekehrt. Um die Bedeutsamkeit der Weitergabe europäischen Rechts an den Nordteil zu unterstreichen, sollte man deshalb von einem Beitritt des besetzten Nordens zur Republik Zypern sprechen. Somit wird noch einmal klar, dass die europäische Union, repräsentiert durch die Republik Zypern, in Übereinstimmungen mit dem Acquis communautaire, in erster Instanz die

---

[70]vgl. **Gerd Höhler**: *Überraschender Vorstoß des Europaministers. Türkei will Nordzypern zu Provinz machen*. In: Kölner Stadt-Anzeiger. 06.03.2012.
[71] vgl. **Süddeutsche.de**: *Ungelöster Zypernkonflikt. Erdogan droht mit Aussetzen der Beziehungen zur EU [online]. Süddeutsche.de. 19.07.2011.* http://www.sueddeutsche.de/politik/wegen-zypern-erdogan-droht-beziehungen-zur-eu-einzufrieren-1.1122065 . 25.02.2012.

Bedingungen an die türkische Besatzungszone und die Türkei für diesen Beitritt stellt und nicht umgekehrt.

Essentiell ist auch, dass eine Lösung die Fehler der Verfassung von 1960 nicht aufgreift. Stattdessen sollte und muss der vereinte Staat aus den Fehlern der Vergangenheit lernen und die Möglichkeiten aufgreifen, die ihm die Europäische Union bietet. So ist die Überwachung des neuen Staates durch die alten Garantiemächte ein Anachronismus, der in der Europäischen Union überflüssig ist, da die anderen EU-Mitgliedstaaten im Falle ernster Verstöße gegen die demokratische Ordnung gemeinsam eingreifen können. In diesem Zusammenhang wird somit auch ersichtlich, dass in dem neuen Staat, Vetorechte wie in der Verfassung von 1960 nicht mehr zu rechtfertigen sind, da die Menschenrechte in einem Mitgliedstaat der Europäischen Union grundsätzlich nicht verletzt werden dürfen.

Die Frage, ob eine Wiedervereinigung der Insel als Föderation oder Konföderation erfolgen sollte, ist nicht nur für die Insel selbst von Bedeutung, sondern für die ganze Europäische Union. Erstens ist die Föderation deshalb der Konföderation vorzuziehen, weil sie durch die Freizügigkeit, die sie den Bürgern gewährt, die für eine Befriedung der Bevölkerungsgruppen notwendige Annäherung im privaten Leben ermöglicht, während eine Konföderation – wie die vorangegangenen Verfassungen auf Zypern – diese Annäherung praktisch zu unterbinden versucht.

Zweitens ist eine von Nationalismen bestimmte Konföderation in einem föderativen Europa, in dem die nationalen Grenzen fallen, ein völlig falsches Signal. Eine Konföderation auf Zypern, in der griechische und türkische Zyprioten nebeneinander anstatt miteinander leben, würde auch im Hinblick auf eine mögliche zukünftige Europäische Föderation, in der Griechen und Türken zusammen leben, gänzlich absurd wirken.

Drittens ist mit einer Konföderation auch die Rückkehr einer geringeren Anzahl zypriotischer Flüchtlinge in deren Häuser verbunden, obwohl der Europäische Gerichtshof für Menschenrechte 2001 das Urteil gefällt hat, dass „[letzteres] gegen die Europäische Menschenrechtskonvention (EMRK) im Zusammenhang mit den Besitzrechten der griechisch-zypriotischen Flüchtlinge verstößt"[72]. Die Wahrung der Menschenrechte ist aber von essentieller Bedeutung für eine Lösung innerhalb der Europäischen Union, denn ein Verstoß gegen diese zugunsten einer schnellen Lösung nach der Redewendung ‚der Zweck heiligt die Mittel' ist **unmittelbar** ein Verstoß gegen die europäischen Prinzipien und folglich nicht akzeptabel.

---

[72] **Presse- und Informationsbüro, Griechische Botschaft Berlin**: Zypern – Die Parameter des Problems und der Lösung [online]. http://www.griechische-botschaft.de/politik/aussenpolitk/griechenland-und-die-zypernfrage/ . 02.03.2012.

4. Resümee

Während der Auseinandersetzung mit den Gründen für die Entstehung des Zypernkonflikts ist mir klar geworden, dass es dabei um weitaus mehr als um den Konflikt zweier Bevölkerungsgruppen geht. Es geht um den Stellenwert von Macht und um den Stellenwert demokratischer Prinzipien. Wie aus meiner Facharbeit deutlich hervorgeht, ist Zyperns strategische Bedeutung schon immer größer gewesen als sie der Bevölkerung der Insel wohltat.

Die zypriotische Verfassung von 1960 und die permanente Einmischung anderer Staaten in die Innenpolitik Zyperns, die humanitäre Katastrophe von 1974 und die Stagnation in dem lösungsbedürftigen Zypernkonflikt seit 1974 beweisen leider, dass demokratische Prinzipien und damit verbundene Werte in der Realität vor großen Machtinteressen zurückzustehen haben.

Der Beitritt Zyperns in die Europäische Union hat zwar neue Tatsachen geschaffen, die prinzipiell eine gerechtere Lösung ermöglichen, aber allein deshalb muss es nicht, wie vor allem in den letzten Monaten deutlich geworden ist, zu einer Lösung des Zypernkonflikts kommen.

Die Prinzipien der Europäischen Union sind zwar festgelegt, doch faktisch spielen – vor allem im Zypernkonflikt – die Machtverhältnisse immer die entscheidende Rolle.

Die Lösung des Zypernkonflikts wird zeigen, ob der Mächtige über das Recht oder das Recht über den Mächtigen bestimmen wird.

5. Literaturverzeichnis

1. **Belwe, K. / Richter, H. A. / Faustmann, H. / Gürel, A. / Papadakis, Y. / Erdal, M. I. / Stergiou, A. / Pilavas, D.**: *Zypern*. Aus Politik und Zeitgeschichte, 12. Ausgabe 2009. Bundeszentrale für politische Bildung. Bonn, März 2009.

2. **Boris Kálnoky**: *Kriegsmarine im Einsatz. Türkei droht Zypern im Streit um Gas und Gaza* [online]. Welt Online. 06.09.2011. http://www.welt.de/politik/ausland/article13588505/Tuerkei-droht-Zypern-in-Streit-um-Gas-und-Gaza.html . 25.02.2012.

3. **Bundeszentrale für politische Bildung**: *Acquis communautaire* [online]. Bundeszentrale für politische Bildung. http://www.bpb.de/popup/popup_lemmata.html?guid=86WG69 . 02.03.2012.

4. **Droushiotis, Makarios**: *Kissinger and Callaghan's unknown tug-of-war over the Cyprus crisis* [online]. Cyprus Mail. 17.08.2010. http://www.cyprus-mail.com/cyprus/kissinger-and-callaghan-s-unknown-tug-war-over-cyprus-crisis/20100817 . 02.03.2012.

5. **Dülffer, Jost / Mühleisen, Hans Otto / Torunsky, Vera**: *Inseln als Brennpunkte internationaler Politik. Konfliktbewältigung im Wandel des internationalen Systems 1890-1984: Kreta, Korfu, Zypern*. 1. Auflage. Verlag Wissenschaft und Politik. Köln, 1986.

6. **Frankfurter Allgemeine Zeitung**: *Während EU-Ratspräsidentschaft Zyperns. Erdogan: Keine Beziehungen zur EU* [online]. FAZ Net. 19.07.2011. http://www.faz.net/aktuell/politik/ausland/waehrend-eu-ratspraesidentschaft-zyperns-erdogan-keine-beziehungen-zur-eu-11107800.html . 25.02.2012.

7. **Gerd Höhler**: *Überraschender Vorstoß des Europaministers. Türkei will Nordzypern zu Provinz machen*. In: Kölner Stadt-Anzeiger. 06.03.2012.

8. **Government Web Portal**: *The Constitution of the Republic of Cyprus* [online]. Government Web Portal. 2006. http://www.cyprus.gov.cy/portal/portal.nsf/All/C44572D7363776ACC2256EBD004F3BB3?OpenDocument . 26.02.2012.

9. **Kadritzke, Niels**: *Cyprus: saying no to the future* [online]. Le Monde diplomatique English Edition. Mai 2004. http://mondediplo.com/2004/05/07cyprus . 25.02.2012.

10. **Kadritzke, Niels / Wagner, Wolf**: *Im Fadenkreuz der Nato. Ermittlungen am Beispiel Cypern*. 1. Auflage. Rotbuch Verlag Berlin. Westberlin, 1976.

11. **Mallinson, William**: *Partition through foreign aggression. The case of Turkey in Cyprus*. 1. Auflage. Mediterranean and East European monographs. Modern Greek Studies. University of Minnesota. Minneapolis, Minnesota, 2010.

12. **Mirbagheri, Farid**: *Historical dictionary of Cyprus*. 1. Auflage. Scarecrow Press, Inc. . Lanham, Maryland, 2010.

13. **Mylonas, Thalis D.**: *Anatomia tou Kypriakou. I Isvoli ton Tourkon stin Kypro ke i diethnis nomimotita*. 1. Auflage. Nea Thesis Verlag. Athen, 2004. / Μυλωνάς , Θάλης Δ.: *Ανατομία του Κυπριακού. Η εισβολή των Τούρκων στην Κύπρο και η διεθνής νομιμότητα*. $1^η$ έκδοση. Εκδοτικός οίκος Νέα Θέσης. Αθήνα, 2004.

14. **O'Malley, Brendan / Craig, Ian**: *The Cyprus Conspiracy. America, Espionage and the Turkish Invasion*. Nachdruck 2006. I.B. Tauris & Co Ltd. London, 2006.

15. **Presse- und Informationsamt der Bundesregierung**: *Erweiterung* [online]. Presse- und Informationsamt der Bundesregierung. http://www.bundesregierung.de/Content/DE/Lexikon/EUGlossar/E/2006-07-27-erweiterung.html . 02.03.2012.

16. **Presse- und Informationsamt der Bundesregierung**: *Kopenhagener Kriterien* [online]. Presse- und Informationsamt der Bundesregierung. http://www.bundesregierung.de/Content/DE/Lexikon/EUGlossar/K/2005-11-22-kopenhagener-kriterien.html . 02.03.2012.

17. **Presse- und Informationsbüro, Griechische Botschaft Berlin**: *Zypern – Die Parameter des Problems und der Lösung* [online]. http://www.griechische-botschaft.de/politik/aussenpolitk/griechenland-und-die-zypernfrage/ . 02.03.2012.

18. **Presse- und Informationsamt, Republik Zypern**: *Das Zypern-Problem. Historische Übersicht und Analyse der jüngsten Entwicklungen*. Nikosia, Zypern, 1998.

19. **Presse- und Informationsamt, Republik Zypern**: *Zypern*. Nikosia, Zypern, 2004.

20. **Spiegel Online**: *Nordzypern. Nationalist Eroglu gewinnt Präsidentenwahlen* [online]. Spiegel Online. 19.04.2010. http://www.spiegel.de/politik/ausland/0,1518,689706,00.html . 25.02.2012.

21. **Süddeutsche.de**: *Ungelöster Zypernkonflikt. Erdogan droht mit Aussetzen der Beziehungen zur EU* [online]. *Süddeutsche.de. 19.07.2011.* http://www.sueddeutsche.de/politik/wegen-zypern-erdogan-droht-beziehungen-zur-eu-einzufrieren-1.1122065 . 25.02.2012.